AF607174
AVERSO

EL CORAZÓN AMARILLO

Pablo Neruda

Número 29 de la Colección **AVERSO POESÍA**

El corazón amarillo

Edición al cuidado de Averso Poesía
www.aversopoesia.com

Primera edición: abril de 2024
ISBN: 978-84-10027-27-5
Depósito Legal: GR 519-2024

Imagen de cubierta: *Wassily Kandinsky. Rawpixel.*

Impreso en España - *Printed in Spain*

El papel utilizado para la impresión de este libro está calificado como papel ecológico y procede de bosques gestionados de manera sostenible.

EL CORAZÓN AMARILLO

Pablo Neruda

Uno

Por incompleto y fusiforme
yo me entendí con las agujas
y luego me fueron hilando
sin haber nunca terminado.

Por eso el amor que te doy
mi mujer, mi mujer aguja,
se enrolla en tu oreja mojada
por el vendaval de Chillán
y se desenrolla en tus ojos
desatando melancolías.

No hallo explicación halagüeña
a mi destino intermitente,
mi vanidad me conducía
hacia inauditos heroísmos:
pescar debajo de la arena,
hacer agujeros en el aire,
comerme todas las campanas.
Y sin embargo hice poco
o no hice nada sin embargo,
sino entrar por una guitarra
y salir cantando con ella.

Otro

De tanto andar una región
que no figuraba en los libros
me acostumbré a las tierras tercas
en que nadie me preguntaba
si me gustaban las lechugas
o si prefería la menta
que devoran los elefantes.

Y de tanto no responder
tengo el corazón amarillo.

Otro más

Yo volví del fondo del mar
odiando las cosas mojadas:
me sacudí como los perros
de las olas que me querían
y de repente me sentí
contento de mi desembarco
y únicamente terrestre.

Los periodistas dirigieron
su maquinaria extravagante
contra mis ojos y mi ombligo
para que les contara cosas
como si yo me hubiera muerto,
como si yo fuera un vulgar
cadáver especializado,
sin tomar en cuenta mi ser
que me exigía caminar
antes de que yo regresara
a mis costumbres espantosas:
estuve a punto de volver
a sumergirme en la marea.

Porque mi historia se duplica
cuando en mi infancia descubrí
mi depravado corazón
que me hizo caer en el mar
y acostumbrarme a submarino.

Allí estudié para pintor,
allí tuve casa y pescado,
bajo las olas me casé,
no me acuerdo ni cuáles fueron
mis novias de profundidad
y lo cierto es que todo aquello
era una incólume rutina:
yo me aburría con los peces
sin incidencias ni batallas
y ellos pensaron que tal vez
yo era un monótono cetáceo.

Cuando por imaginación
pisé la arena de Isla Negra
y viví como todo el mundo,
me tocan tanto la campana
y preguntan cosas idiotas
sobre los aspectos remotos
de una vida tan ordinaria
no sé qué hacer para espantar
a estos extraños preguntones.

Le pido a un sabio que me diga
dónde puedo vivir tranquilo.

El héroe

En una calle de Santiago
ha vivido un hombre desnudo
por tantos largos años, sí,
sin calzarse, no, sin vestirse
y con sombrero, sin embargo.

Sin más ropaje que sus pelos
este varón filosofante
se mostró en el halcón a veces
y lo vio la ciudadanía
como a un nudista solitario
enemigo de las camisas,
del pantalón y la casaca.

Así pasaban las modas,
se marchitaban los chalecos
y volvían ciertas solapas,
ciertos bastones caídos:
todo era resurrección
y enterramientos en la ropa,
todo, menos aquel mortal
en cueros como vino al mundo,
desdeñoso como los dioses
dedicados a la gimnasia.

(Los testigos y las testigas
del habitante singular
dan detalles que me estremecen
al mostrar la transformación
del hombre y su fisiología).

Después de aquella desnudez
con cuarenta años de desnudo
desde la cabeza a los pies
se cubrió con escamas negras
y los cabellos le cubrieron
de tal manera los ojos
que nunca pudo leer más,
ni los periódicos del día.

Así quedó su pensamiento
fijo en un punto del pasado
como el antiguo editorial
de un diario desaparecido.

(Curioso caso aquel varón
que murió cuando perseguía
a su canario en la terraza).

Queda probado en esta historia
que la buena fe no resiste
las embestidas del invierno.

Una situación insostenible

Tanto se habló de los difuntos
en la familia de Ostrogodo
que pasó una cosa curiosa,
digna de ser establecida.

Hablaban tanto de los muertos
cerca del fuego todo el día,
del primo Carlos, de Felipe,
de Carlota, monja difunta,
de Candelario sepultado,
en fin, no terminaban nunca
de recordar lo que no vivía.

Entonces en aquella casa
de oscuros patios y naranjos,
en el salón de piano negro,
en los pasillos sepulcrales,
se instalaron muchos difuntos
que se sintieron en su casa.

Lentamente, como ahogados
en los jardines cenicientos
pululaban como murciélagos,

se plegaban como paraguas
para dormir o meditar
y dejaban en los sillones
un olor acre de tumba,
un aura que invadió la casa,
un abanico insoportable
de seda color de naufragio.

La familia Ostrogodo apenas
si se atrevía a respirar:
era tan puro su respeto
a los aspectos de la muerte.

Y si aminorados sufrían
nadie les escuchó un susurro.

(Porque hablando de economía
aquella invasión silenciosa
no les gastaba los bolsillos:
los muertos no comen ni fuman,
sin duda esto es satisfactorio:
pero en verdad ocupaban
más y más sitios en la casa).

Colgaban de los cortinajes,
se sentaban en los floreros,
se disputaban el sillón
de don Filiberto Ostrogodo,
y ocupaban por largo tiempo
el baño, puliendo tal vez
los dientes de sus calaveras:

lo cierto es que aquella familia
fue retirándose del fuego,
del comedor, del dormitorio.
Y conservando su decoro
se fueron todos al jardín
sin protestar de los difuntos,
mostrando una triste alegría.

Bajo la sombra de un naranjo
comían como refugiados
de la frontera peligrosa
de una batalla perdida.
Pero hasta allí llegaron ellos
a colgarse de los ramajes,
serios difuntos circunspectos
que se creían superiores
y no se dignaban hablar
con los benignos Ostrogodos.

Hasta que de tanto morir
ellos se unieron a los otros
enmudeciendo y falleciendo
en aquella casa mortal
que se quedó sin nadie un día,
sin puertas, sin casa, sin luz,
sin naranjos y sin difuntos.

Filosofía

Queda probada la certeza
del árbol verde en primavera
y de la corteza terrestre:
nos alimentan los planetas
a pesar de las erupciones
y el mar nos ofrece pescados
a pesar de sus maremotos:
somos esclavos de la tierra
que también es dueña del aire.

Paseando por una naranja
me pasé más de una vida
repitiendo el globo terrestre:
la geografía y la ambrosía:
los jugos color de jacinto
y un olor blanco de mujer
como las flores de la harina.

No se saca nada volando
para escaparse de este globo
que te atrapó desde nacer.
Y hay que confesar esperando
que el amor y el entendimiento
vienen de abajo, se levantan
y crecen dentro de nosotros
como cebollas, como encinas,
como galápagos o flores,
como países, como razas,
como caminos y destinos.

Sin embrago me muevo

¡De cuando en cuando soy feliz!,
opiné delante de un sabio
que me examinó sin pasión
y me demostró mis errores.

Tal vez no había salvación
para mis dientes averiados,
uno por uno se extraviaron
los pelos de mi cabellera:
mejor era no discutir
sobre mi tráquea cavernosa:
en cuanto al cauce coronario
estaba lleno de advertencias
como el hígado tenebroso
que no me servía de escudo
o este riñón conspirativo.
Y con mi próstata melancólica
y los caprichos de mi uretra
me conducían sin apuro
a un analítico final.

Mirando frente a frente al sabio
sin decidirme a sucumbir
le mostré que podía ver,
palpar, oír y padecer
en otra ocasión favorable.

Y que me dejara el placer
de ser amado y de querer:
me buscaría algún amor
por un mes o por una semana
o por un penúltimo día.

El hombre sabio y desdeñoso
me miró con la indiferencia

de los camellos por la luna
y decidió orgullosamente
olvidarse de mi organismo.

Desde entonces no estoy seguro
de si yo debo obedecer
a su decreto de morirme
o si debo sentirme bien
como mi cuerpo me aconseja.

Y en esta duda yo no sé
si dedicarme a meditar
o alimentarme de claveles.

Piedrafina

Debes medirte, caballero,
compañero debes medirte,
me aconsejaron uno a uno,
me aconsejaron poco a poco,
me aconsejaron mucho a mucho,
hasta que me fui desmidiendo
y cada vez me desmedí,
me desmedí cada día
hasta llegar a ser sin duda
horripilante y desmedido,
desmedido a pesar de todo,
inaceptable y desmedido,
desmedidamente dichoso
en mi insurgente desmesura.

Cuando en el río navegable
navegaba como los cisnes
puse en peligro la barcaza
y produje tan grandes olas
con mis estrofas vendavales
que caímos todos al agua.
Allí los peces me miraron
con ojos fríos y reproches
mientras sardónicos cangrejos
amenazaban nuestros culos.

Otra vez asistiendo a un largo,
a un funeral interminable,
entre los discursos funestos
me quedé dormido en la tumba
y allí con grave negligencia
me echaron tierra, me enterraron:
durante los días oscuros
me alimenté de las coronas,

de crisantemos putrefactos.
Y cuando resucité
nadie se había dado cuenta.

Con una hermosa me pasó
una aventura desmedida.
Piedrafina, así se llamaba,
se parecía a una cereza,
a un corazón dibujado,
a una cajita de cristal.
Cuando me vio naturalmente
se enamoró de mi nariz,
le prodigó tiernos cuidados
y pequeños besos celestes.

Entonces desencadené
mis inaceptables instintos
y la insaciable vanidad
que me lleva a tantos errores:
con esfuerzo desenrollé
mi nariz hasta convertirla
en una trompa de elefante.

Y con mortales malabarismos
llevé a tal grado la destreza
que a Piedrafina levanté
hasta las ramas del cerezo.

Aquella mujer rechazó
mis homenajes desmedidos
y nunca bajó de las ramas:
me abandonó. Supe después
que poco a poco, con el tiempo,
se convirtió en una cereza.

No hay remedio para estos males
que me hacen feliz tristemente
y amargamente satisfecho:
el orgullo no lleva a nada,
pero la verdad sea dicha:
no se puede vivir sin él.

Canción de amor

Te amo, te amo, es mi canción
y aquí comienza el desatino.

Te amo, te amo mi pulmón,
te amo, te amo mi parrón,
y si el amor es como el vino:
eres tú mi predilección
desde las manos a los pies:
eres la copa del después
y la botella del destino.

Te amo al derecho y al revés
y no tengo tono ni tino
para cantarte mi canción,
mi canción que no tiene fin.

En mi violín que desentona
te lo declara mi violín
que te amo, te amo mi violona,
mi mujercita oscura y clara,
mi corazón, mi dentadura,
mi claridad y mi cuchara,
mi sal de la semana oscura,
mi luna de ventana clara.

Una estatua en el silencio

Tanto pasa en el vocerío,
tantas campanas se escucharon
cuando amaban o descubrían
o cuando se condecoraban
que desconfié de la algazara
y me vine a vivir a pie
en esta zona de silencio.

Cuando se cae una ciruela,
cuando una ola se desmaya,
cuando ruedan niñas doradas
en la molicie de la arena,
o cuando una sucesión
de aves inmensas me precede,
en mi callada exploración
no suena ni aúlla ni truena,
no se susurra ni murmulla:
por eso me quedé a vivir
en la música del silencio.

El. aire es mudo todavía,
los automóviles resbalan
sobre algodones invisibles
y las muchedumbres políticas
con ademanes enguantados
transcurren en un hemisferio
en donde no vuela una mosca.

Las mujeres más parlanchinas
se ahogaron en los estanques
o navegan como los cisnes,
como las nubes en el cielo,
y van los trenes del verano
repletos de frutas y bocas
sin un pitazo ni una rueda
que rechine, como ciclones
encadenados al silencio.

Los meses son como cortinas,
como taciturnas alfombras:
bailan aquí las estaciones
hasta que duerme en el salón
la estatua inmóvil del invierno.

Integraciones

Después de todo te amaré
como si fuera siempre antes
como si de tanto esperar
sin que te viera ni llegaras
estuvieras eternamente
respirando cerca de mí.

Cerca de mí con tus costumbres
con tu color y tu guitarra
como están juntos los países
en las lecciones escolares
y dos comarcas se confunden
y hay un río cerca de un río
y dos volcanes crecen juntos.

Cerca de ti es cerca de mí
y lejos de todo es tu ausencia
y es color de arcilla la luna
en la noche del terremoto
cuando en el terror de la tierra
se juntan todas las raíces
y se oye sonar el silencio
con la música del espanto.
El miedo es también un camino.
Y entre sus piedras pavorosas
puede marchar con cuatro pies
y cuatro labios, la ternura.

Porque sin salir del presente
que es un anillo delicado
tocamos la arena de ayer
y en el mar enseña el amor
un arrebato repetido.

Gatos nocturnos

Cuántas estrellas tiene un gato
me preguntaron en París
y comencé tigre por tigre
a acechar las constelaciones:
porque dos ojos acechantes
son palpitaciones de Dios
en los ojos fríos del gato
y dos centellas en el tigre.

Pero es una estrella la cola
de un gato erizado en el cielo
y es un tigre de piedra azul
la noche azul de Antofagasta.

La noche gris de Antofagasta
se eleva sobre las esquinas
como una derrota elevada
sobre la fatiga terrestre
y se sabe que es el desierto
el otro rostro de la noche
tan infinita, inexplorada
como el no ser de las estrellas.

Y entre las dos copas del alma
los minerales centellean.

Nunca vi un gato en el desierto:
la verdad es que nunca tuve
para dormir más compañía
que las arenas de la noche,
las circunstancias del desierto
o las estrellas del espacio.

Porque así no son y así son
mis pobres averiguaciones.

Rechaza los relámpagos

Centella, tú me dedicaste
la lentitud de mis trabajos:
con la advertencia equinoccial
de tu fosfórica amenaza
yo recogí mis preferencias,
renuncié a lo que no tenía
y encontré a mis pies y a mis ojos
las abundancias del otoño.

Me enseñó el rayo a ser tranquilo,
a no perder luz en el cielo,
a buscar adentro de mí
las galerías de la tierra,
a cavar en el suelo duro
hasta encontrar en la dureza
el mismo sitio que buscaba,
agonizando, el meteoro.

Aprendí la velocidad
para dejarla en el espacio
y de mi lento movimiento
hice una escuela innecesaria
como una tertulia de peces
cuyo paseo cotidiano
se desarrolla entre amenazas.
Este es el estilo de abajo,
del manifiesto submarino.

Y no lo pienso desdeñar
por una ley de la centella:
cada uno con su señal,
con lo que tuvo en este mundo,
y me remito a mi verdad
porque me falta una mentira.

Desastres

Cuando llegué a Curacautin
estaba lloviendo ceniza
por voluntad de los volcanes.

Me tuve que mudar a Talca
donde habían crecido tanto
los ríos tranquilos de Maule
que me dormí en una embarcación
y me fui a Valparaíso.

En Valparaíso caían
alrededor de mí las casas
y desayuné en los escombros
de mi perdida biblioteca
entre un Baudelaire sobrevivo
y un Cervantes desmantelado.

En Santiago las elecciones
me expulsaron de la ciudad:
todos se escupían la cara
y a juzgar por los periodistas
en el cielo estaban los justos
y en la calle los asesinos.

Hice mi cama junto a un río
que llevaba más piedras que agua,
junto a unas encinas serenas,
lejos de todas las ciudades,
junto a las piedras que cantaban
y al fin pude dormir en paz
con cierto temor de una estrella
que me miraba y parpadeaba
con cierta insistencia maligna.

Pero la mañana gentil
pintó de azul la noche negra
y las estrellas enemigas
fueron tragadas por la luz
mientras yo cantaba tranquilo
sin catástrofe y sin guitarra.

Recuerdos de la amistad

Era una tal obstinación
la de mi amigo Rupertino
que empeñó su desinterés
en siempre inútiles empresas:
exploró reinos explorados,
fabricó millones de ojales,
abrió un club de viudas heroicas
y vendía el humo en botellas.

Yo desde niño hice de Sancho
contra mi socio quijotesco:
alegué con fuerza y cordura
como una tía protectora
cuando quiso plantar naranjos
en los techos de *Notre Dame*
Luego, cansado de sufrirlo,
lo dejé en una nueva industria:
«Bote Ataúd», «Lancha Sarcófago»
para presuntos suicidas:
mi paciencia no pudo más
y le corté mi vecindad.

Cuando mi amigo fue elegido
Presidente de Costaragua
me designó Generalísimo,
a cargo de su territorio:
era su orden invadir
las monarquías cafeteras
regidas por reyes rabiosos
que amenazaban su existencia.

Por debilidad de carácter
y amistad antigua y pueril
acepté aquellas charreteras
y con cuarenta involuntarios
avancé sobre las fronteras.

Nadie sabe lo que es morder
el polvo de la derrota:
entre Marfil y Costaragua
se derritieron de calor
mis aguerridos combatientes
y me quedé solo, cercado
por cincuenta reyes rabiosos.

Volví contrito de las guerras:
sin título de General.
Busqué a mi amigo quijotero:
nadie sabía dónde estaba.

Lo encontré luego en Canadá
vendiendo plumas de pingüino
(ave implume por excelencia)
(lo que no tenía importancia
para mi co1npadre obstinado).

El día menos pensado
puede aparecer en su casa:
créale todo lo que cuenta
porque después de todo es él
el que siempre tuvo razón.

Enigma para intranquilos

Por los días del año que vendrá
encontraré una hora diferente:
una hora de pelo catarata,
una hora ya nunca transcurrida:
como si el tiempo se rompiera allí
y abriera una ventana: un agujero
por donde deslizarnos hacia el fondo.

Bueno, aquel día con la hora aquella
llegará y dejará todo cambiado:
no se sabrá ya más si ayer se fue
o lo que vuelve es lo que no pasó.

Cuando de aquel reloj caiga una hora
al suelo, sin que nadie la recoja,
y al fin tengamos amarrado el tiempo,
¡ay! sabremos por fin dónde comienzan
o dónde se terminan los destinos,
porque en el trozo muerto o apagado
veremos la materia de las horas
como se ve la pata de un insecto.

Y dispondremos de un poder satánico:
volver atrás o acelerar las horas:
llegar al nacimiento o a la muerte
con un motor robado al infinito.

El pollo jeroglífico

Tan defectuoso era mi amigo
que no soportaba el crepúsculo.
Era una injuria personal
la aproximación de la sombra,
la duda crítica del día.

Mi pobre amigo aunque heredero
de posesiones terrenales
podía cambiar de estación
buscando el país de la nieve
o las palmeras de Sumatra:
pero, ¿cómo evitarle al día
el crepúsculo inevitable?

Intentó somníferos verdes
y alcoholes extravagantes,
nadó en espuma de cerveza,
acudió a médicos, leyó
farmacopeas y almanaques:
escogió el amor a esa hora,
pero todo resultó inútil:
casi dejaba de latir
o palpitaba demasiado
su corazón que rechazaba
el advenimiento fatal
del crepúsculo de cada día.
Penosa vida que arrastró
mi amigo desinteresado.

Con C. B. íbamos con él
a un restaurante de París
a esa hora para que se viera
la aproximación de la noche.
Nuestro amigo creyó encontrar

un jeroglífico inquietante
en un manjar que le ofrecían.
Y acto seguido, iracundo,
arrojó el pollo jeroglífico
a la cabeza del benigno
maitre d'hotel del restaurante.
Mientras se cerraba el crepúsculo
como un abanico celeste
sobre las torres de París,
la salsa bajaba a los ojos
del servidor desorientado.

Llegó la noche y otro día
y sobre nuestro atormentado,
¿qué hacer? Cayó el olvido oscuro
como un crepúsculo de plomo.

C. B. me recuerda esta historia
en una carta que conservo.

Mañana con aire

Del aire libre prisionero
va un hombre a media mañana
como un globo de cristal.
¿Qué puede saber y conocer
si está encerrado como un pez
entre el espacio y el silencio,
si los follajes inocentes
le esconden las moscas del mal?

Es mi deber de sacerdote,
de geógrafo arrepentido,
de naturalista engañado,
abrir los ojos del viajero:

Me paro en medio del camino
y detengo su bicicleta:

¿Olvidas, le digo, villano,
ignorante lleno de oxígeno,
el tugurio de las desdichas
y los rincones humillados?

¿Ignoras que allí con puñal,
acá con garrote y pedrada,
más allá con revólver negro
y en Chicago con tenedor
se asesinan las alimañas,
se despedazan las palomas
y se degüellan las sandías?

Arrepiéntete del oxígeno,
dije al viajero sorprendido,
no hay derecho a entregar la vida
a la exclusiva transparencia.

Hay que entrar en la casa oscura,
en el callejón de la muerte,
tocar la sangre y el terror,
compartir el mal espantoso.

El transeúnte me clavó
sus dos ojos incomprensivos
y se alejó en la luz del sol
sin responder ni comprender.

Y me dejó —triste de mí—
hablando solo en el camino.

El tiempo que no se perdió

No se cuentan las ilusiones
ni las comprensiones amargas,
no hay medida para contar
lo que no podría pasarnos,
lo que rondó como abejorro
sin que no nos diéramos cuenta.
de lo que estábamos perdiendo.

Perder hasta perder la vida
es vivir la vida y la muerte
y no son cosas pasajeras
sino constantes evidentes
la continuidad del vacío,
el silencio en que cae todo
y por fin nosotros caemos.

¡Ay! lo que estuvo tan cerca
sin que pudiéramos saber.
¡Ay! lo que no podía ser
cuando tal vez podía ser.

Tantas alas circunvolaron
las montañas de la tristeza
y tantas ruedas sacudieron
la carretera del destino
que ya no hay nada que perder.

Se terminaron los lamentos.

Otra cosa

Me suceden tan pocas cosas
que debo contar y contarlas.
Nadie me regala asfodelos
y nadie me hace suspirar.
Porque llegué a la encrucijada
de un enrevesado destino
cuando se apagan los relojes
y cae el cielo sobre el cielo
hasta que el día moribundo
saca a la luna de paseo.

¿Hasta cuándo se desenreda
esta belleza equinoccial
que de verde pasa a redonda,
de ola marina a catarata,
de sol soberbio a luna blanca,
de soledad a capitolio,
sin que se altere la ecuación
del mundo en que no pasa nada?

No pasa nada sino un día
que como ejemplar estudiante
se sienta con sus galardones
detrás de otro día premiado,
hasta que el coro semanal
se ha convertido en un anillo
que ni la noche transfigura
porque llega tan alhajada,
tan portentosa como siempre.

A ver si pescan peces locos
que trepen como ornitorrincos
por las paredes de mi casa
y rompan el nuevo equilibrio
que me persigue y me atormenta.

Suburbios

Celebro las virtudes y los vicios
de pequeños burgueses suburbanos
que sobrepasan el refrigerador
y colocan sombrillas de color
junto al jardín que anhela una piscina:
este ideal del lujo soberano
para mi hermano pequeño burgués
que eres tú y que soy yo, vamos diciendo
la verdad verdadera en este mundo.

La verdad de aquel sueño a corto plazo
sin oficina el sábado, por fin,
los despiadados jefes que produce
el hombre en los graneros insolubles
donde siempre nacieron los verdugos
que crecen y se multiplican siempre.

Nosotros, héroes y pobres diablos,
débiles, fanfarrones, inconclusos,
y capaces de todo lo imposible
siempre que no se vea ni se oiga,
donjuanes y donjuanas pasajeros
en la fugacidad de un corredor
o de un tímido hotel de pasajeros.
Nosotros con pequeñas vanidades
y resistidas ganas de subir,
de llegar donde todos han llegado
porque así nos parece que es el mundo:
una pista infinita de campeones
y en un rincón nosotros, olvidados
por culpa de tal vez todos los otros
porque eran tan parecidos a nosotros
hasta que se robaron sus laureles,
sus medallas, sus títulos, sus nombres.

ÍNDICE

Uno 9
Otro 13
Otro más 17
El héroe 23
Una situación insostenible 29
Filosofía 37
Sin embrago me muevo 41
Piedrafina 47
Canción de amor 55
Una estatua en el silencio 59
Integraciones 65
Gatos nocturnos 71
Rechaza los relámpagos 77
Desastres 83
Recuerdos de la amistad 89
Enigma para intranquilos 95
El pollo jeroglífico 99
Mañana con aire 105
El tiempo que no se perdió 111
Otra cosa 115
Suburbios 121

Este libro se terminó de editar en Granada
en abril de 2024 por

www.aversopoesia.com
hola@aversopoesia.com